Zhongguo Wenhua
Zhishi Duben

中国文化知识读本

主编
金开诚

编著
何兰香

铁腕太后—慈禧

吉林出版集团有限责任公司

吉林文史出版社

图书在版编目（CIP）数据

铁腕太后——慈禧／何兰香编著 . —长春：吉林
出版集团有限责任公司，2010.1（2022.1 重印）
（中国文化知识读本）
ISBN 978-7-5463-2697-9

Ⅰ.①铁… Ⅱ.①何… Ⅲ.①西太后（1835～1908）
－生平事迹 Ⅳ.①K827=52

中国版本图书馆 CIP 数据核字（2010）第 050143 号

铁腕太后—慈禧

TIEWAN TAIHOU CIXI

主编／ 金开诚 编著／何兰香

责任编辑／曹恒 于涉 责任校对／王凤翎

装帧设计／曹恒 摄影／金诚 图片整理／董昕瑜

出版发行／吉林文史出版社 吉林出版集团有限责任公司

地址／长春市人民大街4646号 邮编／130021

电话／0431-86037503 传真／0431-86037589

印刷／三河市金兆印刷装订有限公司

版次／2010 年 1 月第 1 版 2022 年 1 月第 4 次印刷

开本／650mm×960mm 1/16

印张／8 字数／30千

书号／ISBN 978-7-5463-2697-9

定价／34.80元

关于《中国文化知识读本》

　　文化是一种社会现象，是人类物质文明和精神文明有机融合的产物；同时又是一种历史现象，是社会的历史沉积。当今世界，随着经济全球化进程的加快，人们也越来越重视本民族的文化。我们只有加强对本民族文化的继承和创新，才能更好地弘扬民族精神，增强民族凝聚力。历史经验告诉我们，任何一个民族要想屹立于世界民族之林，必须具有自尊、自信、自强的民族意识。文化是维系一个民族生存和发展的强大动力。一个民族的存在依赖文化，文化的解体就是一个民族的消亡。

　　随着我国综合国力的日益强大，广大民众对重塑民族自尊心和自豪感的愿望日益迫切。作为民族大家庭中的一员，将源远流长、博大精深的中国文化继承并传播给广大群众，特别是青年一代，是我们出版人义不容辞的责任。

　　《中国文化知识读本》是由吉林出版集团有限责任公司和吉林文史出版社组织国内知名专家学者编写的一套旨在传播中华五千年优秀传统文化，提高全民文化修养的大型知识读本。该书在深入挖掘和整理中华优秀传统文化成果的同时，结合社会发展，注入了时代精神。书中优美生动的文字、简明通俗的语言、图文并茂的形式，把中国文化中的物态文化、制度文化、行为文化、精神文化等知识要点全面展示给读者。点点滴滴的文化知识仿佛繁星，组成了灿烂辉煌的中国文化的天穹。

　　希望本书能为弘扬中华五千年优秀传统文化、增强各民族团结、构建社会主义和谐社会尽一份绵薄之力，也坚信我们的中华民族一定能够早日实现伟大复兴！

目录

一 荣为贵妃 暗争皇权

慈禧握有实权长达半个世纪之久

在中国漫长的封建政治统治中，男人一直把握着最高权力，女人是作为男人的附庸而存在的，但是在这个男权社会中，有一个女人却三次垂帘听政，两次决定皇位的继承人，将国家的命运掌控在手中长达半个世纪之久，这个女人就是慈禧。一个女人何以有这么大本事能够掌控整个国家，让君臣都臣服于她？她又对中国近代产生了怎样的影响？不妨我们一起走近慈禧，去认识一下历史上真正的慈禧太后。

慈禧，姓叶赫那拉，慈禧并不是她的名，而是她贵为皇太后时所上徽号中的两个字。徽号是给帝后封加的用来歌功颂德的吉祥美好名号，都是溢美之词，没有实际意义。慈禧于道光十五年十月初十日（1835 年 11 月 29 日）生于北京西四牌楼劈柴胡同的一个普通旗籍官员家中，在她呱呱坠地的那一刻，除了给父母增添了一份获子的喜悦外，并没有引起太多人的注意，因为没有人会想到这个普通人家的女子，会在二十多年后坐在紫禁城里，垂帘听政，继而成为清朝最高统治者。

关于慈禧生于北京一说，目前学术界

已经达成了共识，并有清史专著为证。但在野史中，关于慈禧出生地的说法五花八门，其中影响较大的有安徽芜湖说和山西长治说。

安徽芜湖说认为慈禧的父亲名惠徵，是安徽徽宁池太广道的道员（道员又名道台，是省以下府州以上的地方高级行政长官），由于贪污公款被罢免，死在路上，慈禧与妹妹奉母亲之命扶父亲的灵柩归丧。父亲丧后，孤儿寡母无以为生，慈禧因嗓音洪亮，能歌能哭，于是以

少女慈禧参加选秀，由此进入宫中

荣为贵妃 暗争皇权

003

咸丰皇帝像

做号丧女子（丧娘）糊口，后来参加选秀才得以进入宫中。

山西长治说主要是根据流传于山西长治县西坡村和上秦村一带关于慈禧身世的口碑之传。据传慈禧是长治县西坡村汉族农民王增昌之女，名王小慊，属羊，后因家境贫寒父亲无奈将其卖给上奉村宋四元家，改名为宋龄娥。后来宋家遭难，又将其卖给潞安府知府惠徵家做丫鬟，惠徵夫人无意间见小龄娥两脚脚心都有一个痦子，认为这是富贵命的象征，就收她为养女，改姓叶赫那拉，更名玉兰，精心栽培。慈禧天资聪颖，不仅学会填词赋诗，对满文、汉文也都很精通。后来参加选秀被选中，从此步入宫廷。

以上两说，由于都缺乏充足的证据，所以现在已被学者否定。据专家考证，慈禧生于北京这一点是确信无疑的。

咸丰二年（1852 年），慈禧 17 岁，这时的她已经成长为风姿绰约的少女了。恰在这一年，皇太后为咸丰帝挑选秀女，慈禧经过层层筛选，终于被选中了。同时被选中的还有后来成为皇后的贞嫔、云嫔、丽贵人，此时的慈禧被封为兰贵人。清代后宫中，皇后以下的嫔妃共分为七级，分别为皇贵妃、

皇宫选秀十分严格，慈禧很快脱颖而出

贵妃、妃、嫔、贵人、常在、答应。当时慈禧只是贵人，是第五级，对于这个地位，慈禧当然不会满意。经过两年的努力，她成功晋为懿嫔，两年之后晋为懿妃，一年之后又晋为懿贵妃。短短五年的时间，慈禧就在美女如云的后宫中脱颖而出，由第五级的兰贵人升为第二级的懿贵妃。在妃子如林的后宫，想要出人头地就必须获得皇帝的宠幸，那么慈禧是凭借什么获得了咸丰帝的宠幸呢？原因有三点：一是拥有超群的美貌，慈禧曾对身边的人自豪地说过："入宫后，宫人以我为美，咸妒我，但皆为我所制。"容貌美得已经到了遭人嫉恨的程度，可见有多美了。以我们现在的眼光来看当时慈禧的画像，依然可以感觉到她的端庄秀美。但是后宫佳丽三千，个个都是精挑细选的美女，想留住皇帝，徒有美色并不够，只有为皇帝生下儿子，才能猎取皇帝的心，这也是慈禧受宠的第二个原因。咸丰五年六月，慈禧怀孕，咸丰六年三月二十三日（1856年4月27日）诞下皇子载淳，子嗣兴旺是龙脉延续的保证，何况之前咸丰帝连一儿半女都没有，载淳作为长子，是当时唯一的继承人。咸丰帝望着可爱的儿子兴奋不已，挥笔写下了"庶慰在天六年望，更钦率土万斯人"。"母以子贵"，慈禧地位的巨变可以说与她诞下咸丰帝唯一的儿子息息相关。除此之外，还有一点也不可忽视，那就是慈禧不仅聪明伶俐、善解人意，还拥有一项后宫嫔妃们无人能及的能力——能读写汉文并且书法端腴。慈禧不仅有天分还很用功，在圆明园居住时，"因日习书画以自娱，

慈禧的儿子载淳后被立为同治皇帝

故后能草书，又能画兰竹"。"西后先入宫，夏日单衣，方校书卷"。炎炎夏日，她身着单衣，伏案校读书卷，刻苦可见一斑。咸丰帝寄情声色，懒于国事，由于慈禧能读写汉文，有些奏章就让慈禧代阅，甚至有时，就让慈禧直接代笔批答了，可谓"时时披览各省奏章，通晓大事"。这样，慈禧在批阅奏章的同时不仅得到了咸丰帝的宠信，也开阔了自己的视野，锻炼了自己的政治才能。

第二次鸦片战争爆发之后，面对英法联军的大举进攻，清政府军队不堪一击，节节败退，战事危急，而此时的咸丰帝在做些什么呢？《崇陵传信录》中有如下描述"英法联军突破了清

慈禧太后御笔

第二次鸦片战争爆发，咸丰帝不理国政，却终日与嫔妃在圆明园里饮酒作乐

军道道防线并攻陷天津这日，正逢咸丰帝在圆明园的天地一家春与后妃共宴，酒至一半，军机处奏报：英法联军已陷天津。咸丰帝痛哭不止，皇后钮祜禄氏与嫔妃哭成一团……"巨变面前，咸丰帝的懦弱无能暴露无遗，大臣们也分为主战派与主和派，肃顺等人极力主张咸丰帝北逃热河（今承德市），而奕、文祥则坚决反对。最后咸丰帝还是决定北逃，他将烂摊子留给恭亲王奕，让他留在北京和列强谈判，自己则领着朝臣与嫔妃逃到承德避暑山庄。

国家的内忧外患不但没有激起咸丰帝的斗

志，反而使他来到热河之后变本加厉，生活更加不加节制，使本来羸弱的身体每况愈下，不但面呈黄色，而且久咳不止。身体的虚弱使他不得不考虑皇权的交接问题，他曾担心自己死后，儿子年幼，出现由母亲慈禧擅权的局面，"帝晚年颇不满意于慈禧，以其佻巧奸诈，将来必以母后擅权破坏祖训，平时从容与肃顺密谋，欲以钩弋夫人例待之"（《清史拾遗》）。钩弋夫人是汉武帝的宠姬，汉昭帝弗陵的母亲，汉武帝甚爱聪慧健壮的弗陵，想立他为皇嗣，但又怕子少母壮，钩弋夫人在他死后专权，于是就随便找了个借口把钩弋夫人赐死了。此时的咸丰帝也是有此顾虑，便和肃顺商议想让慈禧成为第二个钩弋夫人。这时的慈禧可谓命悬一线，她本人也清楚地认识到了这一点。身居后宫的她，没有任何力量可以依靠，对于强敌肃顺的咄咄逼人，她明白，如果自己硬碰硬，那只能是以卵击石，只有以退为进，容忍肃顺的锋芒与挑衅，才能积蓄力量以待后发。于是慈禧处处忍让，常以一副无辜的脸孔示人，并在咸丰帝的病榻前抱着皇子以泪洗面，以博得咸丰帝的同情，最后终

慈禧像

铁腕太后——慈禧

于打动了咸丰帝，放弃了杀慈禧的念头。

咸丰十一年七月十六日（1861年8月21日）晚，咸丰帝出现昏厥症状，半夜才苏醒过来。他自知自己时日不多，便召来内廷大臣安排后事。他口述了两道谕旨，命辅臣承写：第一是立皇长子（载淳）为皇太子，第二是派载垣、端华、景寿、肃顺、穆荫、匡源、杜翰、焦佑瀛尽心辅弼，赞襄一切政务。这两道谕旨是咸丰帝在总结了幼年即位的顺治帝福临和康熙帝玄烨两位先祖的经验教训的基础之上，精心拟制的。八大臣"赞襄一切政务"的辅政体系可以通过多人之间的互相牵制，杜绝大臣专权现

咸丰皇帝临终之时，留下两方印章，一是"同道堂"，一是"御赏"

象的出现。即使如此，咸丰帝仍然感到不可靠，他觉得必须给予皇后和皇贵妃一定的权力，使她们能在关键时刻有能力保护皇子，于是又将两枚随身印章"御赏"与"同道堂"分别授予皇后钮祜禄氏和儿子载淳，载淳只有 6 岁，无法正常处理政务，便由他的母亲慈禧代为掌管。凡是谕旨，起首处盖"御赏"印，结尾处盖"同道堂"印，只有盖了这两方印鉴，谕旨才生效。这样，就形成了两宫太后代政与以肃顺为首的八大臣辅政的体制，慈禧也成功跻身核心统治集团，为她之后的争夺皇权打下了基础。

二、辛酉政变 初次垂帘

烟波致爽殿

咸丰十一年七月十六日（1861 年 8 月 22 日），咸丰帝在避暑山庄的烟波致爽殿驾崩。次日颁布了遗诏。十八日，内阁奉上谕，钮祜禄氏尊为母后皇太后，那拉氏尊为圣母皇太后。咸丰帝对皇权的交接问题看似考虑得周到全面，实则却存在着一个不容忽视的漏洞，这就是对于谕旨的拟定、呈览、修改、颁发等一系列问题没有留下任何意见。谕旨是皇权的重要象征，可以说谁掌握了谕旨的颁布权，谁就拥有了最高皇权，由于这个重大疏忽，两宫皇太后与八大臣之间的矛盾很快就暴露出来。两宫皇太后在避暑山庄的澹泊敬诚殿召见八大臣，商议有关谕旨的拟定、颁发与疏章上奏和官吏任免等重要事项的处理方法。八位辅

政大臣提出了早就准备好的方案："谕旨由大臣拟定，太后但钦印，弗得改易，章疏不呈内览。"意思就是皇帝的谕旨由大臣拟定，皇太后只管钤印，没有改动的权力，臣下的奏章也一概不用进呈皇太后阅看。如果真按大臣的提议照办，那么两宫皇太后就成了只管盖章的工具，没有任何实质性的权力。这样明目张胆地暴露心迹，说明八大臣根本没有把这孤儿寡母放在眼里。绝顶聪明的慈禧哪肯善罢甘休，自从入宫以来，她所做的一切努力目标就只有一个，就是等儿子成为皇帝后，自己作为皇太后掌握最高的权力，当这一切终于成真，自己终于有机会可以大展拳脚的时候，八大臣的这一奏章成了第一个拦路虎。于是慈禧据理力争，给予八大臣以坚决反击，这种原则性的问题怎可退让？双方僵持不下，足足争执了四天，最后八大臣做了让步，双方达成了最后的解决方法：谕旨由八大臣拟订，呈皇太后阅览，两宫皇太后和皇帝阅后如果同意就上下各用一印，应该由皇帝批改的地方也用玉玺代替，玉玺存在皇太后处。至于官员的任免，则各省督抚等重要职位由八大臣提名，请两宫太后裁决，其他人员的任免用擎签（抽签）的方法决定。

这第一回合的交手，以两宫太后的胜利而收场。经过与八大臣的初次交锋，慈禧也看透

同治皇帝的鸡血石玉玺

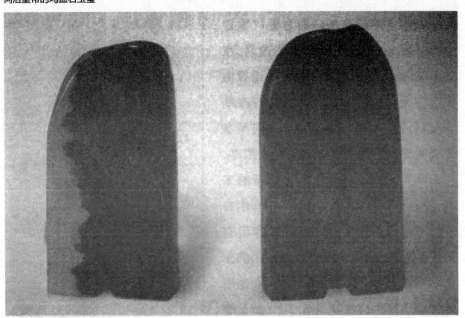

铁腕太后——慈禧

了八大臣觊觎皇权的野心。但避暑山庄是八大臣的势力范围，身处其中，他们随时还会遇到意想不到的非难，要想突破重围，必须寻求帮助。左思右量，慈禧想到了远在北京的恭亲王奕，他可谓是扩大自己战线增强自己实力的不二人选。

奕是道光帝的第六子，才智过人，深得道光帝的宠爱。道光帝在传位给四子奕和六子奕的问题上颇费踌躇，四子奕"长且贤"、仁孝有加，六子奕天资聪颖、文武双全，后经过一番考虑，道光帝秘密立储"皇四子奕立为太子 皇六子奕封为亲王"。一匣两谕，可算是大清秘密建储的一个特例了，可这个被道光帝左挑右选的接班人

却是个风流成性，不成大器的皇帝。即位后，咸丰帝无法包容周围人对奕的认可和爱戴，便以奕的母亲争皇后封号为由罢免了奕的一切职务，还下令奕去"上书房读书"，不给奕施展才华的机会。慈禧虽然没有更多的机会接触奕，但她知道奕的魄力与才干要远远胜于咸丰帝，在这个紧要关头，争取到奕，委以重任，可使己方的力量和八大臣抗衡。可是如何在八大臣严密的监控之下与奕取得联络，让慈禧大伤脑筋。思忖再三，慈禧决定用密信联络，用方略馆的公家信封，由方略馆发送，以保证密信快速安全地到达。这样恭亲王奕在最短的时间内了解到了热河的政治状况和两宫的意图，本来在北京的奕，对咸丰帝将他完全排除在核心统治集团之外早已不满，恰逢两宫太后来信传见，希望与他联合起来扳倒肃顺，一致的目标使得叔嫂一拍即合。

咸丰十一年（1861 年）七月二十六日，恭亲王奕怀着急切的心情踏上了北赴热河的行程，他日夜兼程，只用四天的时间就来到了热河。八月初一日，奕在咸丰帝的灵堂悲痛地祭奠了哥哥，他"伏地大恸，

恭亲王奕诉赶赴热河

辛酉政变 初次垂帘

慈禧和奕䜣密谋了一场宫廷政变

声彻殿陛，旁人无不下泪"（《热河密札》）。祭奠之后，按原先密定的计划，慈禧以"探问京城被劫后情况"为由迫不及待地单独召见了恭亲王。这次召见长达两个小时，二人详细地策划了铲除肃顺等八大臣的步骤和方法，主要有：政变的地点。奕认为热河受八大臣势力控制，不宜在热河发难，"非还京不可""坚请速归"；外国人对于政变的可能态度。奕表示外国人不会有异议，如有唯他是问；确定政变拟旨的人选。这个人既要绝对可靠又要笔力雄健，经过一番考虑，双方认定慈禧的妹夫，奕的弟弟醇亲王奕最为合适，后来的事实证明，这个决定是完全正确的。召见完毕，奕虽然内心激动，但为了避免引起怀疑，表面上依然表现得很谦卑。以肃顺为首的八大臣集团以为大权在握，看轻了两宫皇太后和奕，一味地满足于封官晋爵，导致一场政变在自己的眼皮子底下酝酿成功了。根据慈禧的授意，奕找到协办大学士周祖培，与他共同寻找一个能为太后的垂帘听政制造舆论氛围的人。慈禧为什么这么相信周祖培呢？原因在于周祖培从嘉庆朝就进入翰林院，不仅勤于政事，而且善

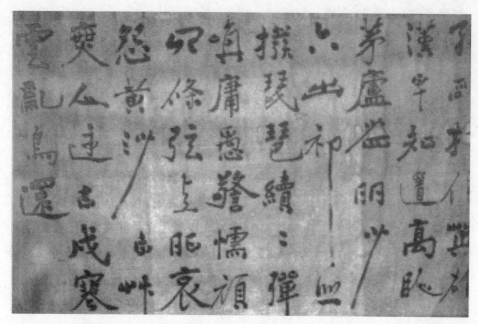

于文墨，他出任户部汉尚书时，作为户部满尚书的肃顺却没有把这个比自己长二十多岁的汉尚书放在眼里，处处与他为难，专横跋扈到无所顾忌的程度。周祖培慑于肃顺的淫威只能默默忍受，后来宁愿放弃职务，到内阁做了一个有名无实的大学士。这样一个受肃顺百般压迫排挤的大学士可以说是慈禧目前为自己鼓噪壮势的最好人选。周祖培也不负众望，将他的得意门生——山东道监察御史董元醇推上了前台。董元醇秉承他的意图，以《奏请皇太后权理朝政并另简亲王辅政折》吹响了太后垂帘听政的第一声号角。

董元醇在奏折中主要提到两点：一是鉴于

皇帝年龄太小，皇太后应该"权理朝政，左右不得干预"。二是帝王莫不以尊贤为急务，现在应于"亲王中简派一二人，令其同心辅弼一切事物，意即把恭亲王奕䜣和慈禧的妹夫醇亲王奕譞也纳入辅政的集团之中。八月八日，奏折送达热河。八大臣看了之后非常气愤，但他们没有马上行动，而是先上报给两宫皇太后，想看看两宫皇太后的反应之后再予以定夺。不出所料，慈禧阅后大喜过望，尤其是奏折中的"皇太后暂时权理朝政，左右并不能干预"更是她求之不得的。为了密商对策，慈禧把这个奏折压了十日仍未下发，肃顺等八大臣等得不耐烦了，就主动要求召见，索

奏折中提到之事令慈禧大悦

慈禧对奏章持赞同态度，
却遭到八大臣的强烈反对

要奏折。慈禧以要留着阅看为由仍是不发。十一日，两宫太后和小皇帝接见了八大臣，表示共议董元醇的奏章。八大臣已明了慈禧的如意算盘，当即表示反对。双方激烈地争吵起来，"声震陛殿，天子惊怖，至于啼泣，遗溺后衣"。这场斗争一直延续到十二日，八大臣见两个女人不肯服输，干脆把一切朝政都弃之不顾，也不移交给皇太后。这是违抗圣旨的严重政治事件，两宫太后没有办法，决定暂时忍耐，将八大臣拟订的公开批驳董元醇的谕旨下发，且一字不改，谕旨下发以后，八大臣这才"照常办事，言笑如初。"这一回合以八大臣的胜利暂时告终。经过了这场较量，慈禧也更加清楚地认识到自己的轻率和轻敌，时机未到就贸然行动，导致败下阵来。九月一日，大学士桂良等奏恭母后皇太后钮祜禄氏徽号为慈安皇太后，圣母皇太后那拉氏徽号为慈禧皇太后，慈禧一名正是由此而来。

九月二十三日，咸丰帝的灵柩启程归京。归京的队伍分为两队，一队是两宫太后和小皇帝，由载垣、端华、景寿、穆荫等护送，另一队是由肃顺护送的梓宫队伍，由大路行进。八大臣分开行动对两宫太后非常有利，为她们发动政变创造了难得的机会。两宫太后不敢松懈，马不停蹄地来到京郊后，不等进城就立即在郊外召见了奕，共商政变的具体程序。

九月三十日，两宫太后召见了恭亲王奕、大学士桂良、周祖培、贾桢等，两宫太后痛哭流涕地向众人控诉了八大臣欺辱孤儿寡母的行径，群情激奋，众人发誓要与八大臣势不两立。慈禧见时机已经成熟，就拿出了由醇亲王奕早

北京故宫角楼

辛酉政变 初次垂帘

已拟定好的谕旨，当众宣布了八大臣的三大罪状，肃顺、载垣、端华三人被卸任，景寿等五人被退出军机处。谕旨是在八大臣不在场的情况下宣布的。八大臣风尘仆仆地刚赶到京城，就直接被捉拿，慈禧的行动真可谓迅雷不及掩耳。

十月一日，两宫太后连发两道谕旨，任命奕为议政王兼军机大臣。次日又连发两谕，补授奕为总管内务府大臣和宗人府宗令。这四道谕旨，使得奕高高凌驾于其他诸臣之上，成为两宫太后和小皇帝之下的第一人。其他在此次政变中的有功之人也都得到了不同程度的封官

中年慈禧像

铁腕太后——慈禧

对八大臣做了处分后，慈禧赢得了最高皇权

和奖赏。

十月六日，慈禧对八大臣做了处分决定：载垣、端华自尽；肃顺斩立决；其余五人革职，另外还处分了与肃顺关系密切的吏部尚书陈孚恩等六名官员和五名太监。除此之外并没有大搞株连。两宫太后还下令将从肃顺等人家中抄得的书信和账簿等"公开焚毁，毋庸呈览"。不管用意为何，这一举为两宫太后赢得了"恩泽惠下"的名声，也使王公大臣等对太后的垂帘听政心服口服。

咸丰十一年（1861 年），年仅 27 岁的慈禧在恭亲王奕䜣的配合下，只用了一个多月

养心殿东暖阁是慈禧垂帘听政的地方

的时间，就完成了政变从计划到实施的全过程。用时之短，行动之周密，处理之精当无不令人叹服。这次政变，也使慈禧赢取了最高皇权，成就了她人生中的第一次垂帘听政。

咸丰帝在弥留之际精心设计的"听政辅政兼而有之"的政治格局中，只将两宫太后作为防止八大臣权力膨胀的一个制约，并不能够真正地驾驭权力。慈禧通过政变，扳倒了八大臣之后，她将以怎样的方式使自己最快地掌控住最高权力呢？在慈禧与恭亲王酝酿政变之初，山东御史董元醇在奏疏中提出的两宫太后听政、亲王辅政的计划可谓一举两得，这样既能确保慈禧紧握皇权，又给予奕以重要地位，当务之急当然就是实施自己的听政计划。但是在封建社会，男女授受不亲，后妃是不允许直面王公大臣的，慈禧要以皇太后的身份临朝听政，就不可避免地要与群臣见面，怎样做才能既不违制，又能正常处理朝政呢？慈禧想到了古代曾经有过的太后垂帘，决定依此效办。为了给自己的垂帘听政制造声势，在奕的策划下，统带重兵的胜保和大学士贾桢等各上一折，请求两宫太后亲自执掌朝政，这一武将一文臣的一唱一和，使慈禧很是高兴，她立即谕令大臣们会议商定垂帘听政的具体步骤，并将结果据实速报。大臣们一议再议，一改再改，半个月的反复磋商后，一份史无前例的垂帘章程终于出炉了。章程共十一条，慈禧很满意，立发懿旨："依议行。"

在这之前的十月初九日，小皇帝在太和殿举行了登基大典，年号由"祺祥"改为"同治"。"祺祥"是八大臣在咸丰帝死后确定的新帝年号，政变结束后，大学士周祖培

养心殿匾额

辛酉政变　初次垂帘

029

两宫太后在养心殿举行了垂帘
仪式

以"祺祥"字意重复为由，建议改为"同治"，隐含着两宫太后共治之意，两宫太后对此都表示赞同。

十一月初一，两宫太后在养心殿举行了垂帘仪式。养心殿从雍正帝开始就成为皇帝处理日常政务，批阅奏章召见引见大臣的处所。这一日，养心殿从里到外布置一新，大殿正中高挂着雍正帝御书的"中正仁和"匾额，小皇帝载淳坐在谕案后的宝座上，身后是八扇精致的黄色纱屏，纱屏后设谕案，透过纱屏依稀可见左边坐着神态安详的慈安太后，右边坐着志得意满的慈禧太后。养心殿外，

养心殿

王公大臣们身着朝服，态度庄重，举止恭谨。议政王奕带领内廷诸臣与王公大臣、六部、九卿在殿前向皇帝和两宫太后行礼。然后奕走进殿内立在皇帝谕案旁，王公大臣的奏章都交由奕捧至谕案上，小皇帝示意，再交由帘内的首领太监，捧至两宫太后的案前。这就是清朝历史上第一次正式的皇太后垂帘听政。自此，中国便开始了慈禧近五十年的统治。

掌权伊始，慈禧是颇想有一番作为的，她采取了一系列整顿吏治的措施，主要包括三点：一是重用汉人。咸丰帝虽然采纳过肃顺提出的重用汉人的政策，但一直有所顾虑，并不给汉人太大的实权。慈禧则大刀阔斧，积极任用了曾国藩等一批汉臣，《清鉴》中说："听政之初，军事方亟，两宫仍师用肃顺等专人汉人策。内则以文祥、倭仁、沈桂芬等为相，外则以曾国藩、左宗棠、李鸿章等为将。自军政吏治，黜陟奖赏，无不谘询。故卒能削平大乱，开一代中兴之局。"可见慈禧的这一政策对挽救摇摇欲坠的封建地主阶级统治起了关键性的作用。二是广开言路。慈禧再三以同治帝的名义颁旨求言，鼓励直陈，在她的影响之下，大臣们纷纷上书言事，朝廷上下形成了积极进谏的良好风气。三是支持洋务运动。在太平天国运动的冲击和西方列强的打压之下，以奕、曾国藩、李鸿章为首的一批官员认识到要自强就必须学习西方先进的科学

左起依次为曾国藩、左宗棠、李鸿章像

慈禧支持洋务运动

技术，于是他们掀起了提倡西学，兴办企业
的运动。这引起了很多保守派官员的强烈反
对，但在慈禧的大力支持下，一系列洋务举
措陆续实施，为古老的中国带来了新鲜的气
息。

　　同治三年（1864年）六月二十日，曾国
藩领导的湘军攻占了太平天国的首都天京，

太平天国忠王府

成功地镇压了农民起义。一时间，京城内外，朝野上下一片欢腾。慈禧十分高兴，大奖功臣：奕以议政王主持朝廷军政大事居首功，赏加三级军功。曾国藩着加太子太保衔，赐封一等侯爵，世袭罔替。其他功臣也均有奖赏。一时间，人们把更多的注意力集中在了奕身上，颂扬他是"豁达大度""定乱绥邦"的"贤王"，甚至还有"只知有恭亲王，不知有大清朝"的说法。奕自己也不自觉地增添了几分骄矜之气，仗着自己功高盖世，认为两宫太后没有他是不行的，举止行为不免有些傲慢。慈禧哪能容忍自己的光彩被他人掩盖？看着如今的奕，慈禧觉得自己不能再放任不管，而必须有所行动了。恰逢这时日讲起居注官、编修蔡寿祺上疏弹劾奕有贪墨、骄盈、揽权、徇私之弊，在列举了一系列罪状后，蔡寿祺还建议慈禧罢免奕，剥夺他的一切权力。那么蔡寿祺为何有此胆量敢弹劾权倾一时的恭亲王呢？原来蔡寿祺是一个很会投机取巧、到处钻营的人，他通过内廷太监安德海察觉到了慈禧对奕的不满，所以连上两份奏折，想扳倒恭亲王，借机沽名钓誉，从中渔利。慈禧看了蔡寿祺的奏折后，正中下怀，并以此为契机，开始打压奕。她召见了大学士周祖培等人，让他们拟议处置奕的方法。周祖培等人猜测慈禧只是想适当地裁

太平天国领袖洪秀全像

辛酉政变 初次垂帘

俯瞰北京故宫

减奕的一些权力而已，便拟了一份措辞模糊，并没有什么实质性处置方法的奏折，三日后呈递了上去。不料慈禧根本没看他们的奏折，而是拿出了一份她自己亲笔写的谕旨给他们看，这使他们认识到了此次问题的严重性。慈禧虽然粗通文墨，但她的汉语水平还不足以达到草拟诏书的程度，所以这份谕旨虽文字尚属通顺，错别字却很多，而且整份谕旨文字尖刻激烈，除了保留奕皇子的身份外，所有的职务一律革除，慈禧的用心可谓昭然若揭。这份朱谕经周祖培稍加润色、点染之后，交由内阁明发下来。不想，诏书发布后，"朝野惊骇"，一时，不论宗室亲贵，还是部院大臣、外省督抚，都对慈禧仅凭蔡寿祺一道捕风捉影、并无实据的奏折就对奕定下罪状表示反对，尤其是道光帝的第五子惇亲王上书为奕辩白。惇亲王作为"奕"字辈最年长的亲王，性格直率，敢作敢为，他的出面使慈禧不得不有所顾虑。经审讯之后蔡寿祺也承认自己弹劾奕那些罪状均属风闻，是莫须有的罪名。面对沉重的舆论压力，慈禧被迫作出了妥协。她以同治帝的名义发下谕旨，说由于恭亲王奕伏地痛哭，经面加训诫之后决心改过，所以"仍在军机大臣上行走"，但免去了议政王的头衔。通过这次风波，慈禧"谴责之，以示威，开复之，以示恩"（蔡东藩语）。大大削减了恭亲王的权力，从而把至高无上的权力牢牢地掌握在了自己手中。

北京颐和园铜鹤

洪秀全

三 归政同治 同治之死

皇宫轿子

　　同治十一年（1872 年），同治帝 17 岁。无论慈禧怎么贪恋手中的权力，也都不得不撤掉垂帘，归政同治帝了。但在归政之前，须先为同治帝物色皇后完成大婚。在挑选皇后的问题上，慈禧与慈安产生了分歧。慈禧看上了刑部江西司员外凤秀的女儿富察氏，这个 14 岁的小姑娘容貌出众，姿性敏慧，慈禧"欲立之"。慈安则看上了翰林院侍讲崇绮的女儿阿鲁特氏，她淑静端慧，美而有德，文化水平很高，重要的是同治帝也很喜欢她。经过一番相持，同治帝还是选择了崇绮的女儿阿鲁特氏为皇后，凤秀的女儿富察氏被封为慧妃，此外还封知府崇龄之女赫舍里氏为瑜嫔，前任都统赛尚阿的女儿阿鲁特氏为珣嫔。九月十五日同治帝与阿鲁特氏举行了大婚庆典。婚后同治帝与皇后恩爱有加，但慈禧却很不喜欢这个皇后，除了因之前同治帝没有立她看中的富察氏为皇后之外，还因为这个皇后性格耿率，不善于阿谀逢迎，自幼养成的高贵品性使她即使在慈禧面前也依然如故，所以慈禧对她甚是不满。皇后见慈禧时，慈禧从不给她好脸色，还以妨碍政务为由不准同治帝与皇后多亲近，她的干预使同治帝的婚后生活很不如意。

大婚后的下一步就是同治帝亲政了。同治十二年正月二十六日（1873 年 2 月 23 日），

阿鲁特氏像

18岁的同治帝在太和殿举行了亲政大典。大清王朝的第十代皇帝从此开始亲政的岁月，与此同时，慈禧也不得不收起象征着她听政权力的黄色纱幔，悄然回归幕后。

大婚、亲政之后，同治帝着手操办的第一件大事就是重修圆明园。同治十二年九月二十八日（1873年11月19日），同治帝发布谕旨，决定重修圆明园，这犹如一枚重磅炸弹，在朝野上下引起重大轰动。圆明园最初是康熙帝赐给四子胤禛（雍正帝）的一片明代故园，经雍正、康熙、嘉庆、道光四朝的建设修成了面积总计五千三百多亩的巨大皇家园林，当时欧洲有关文献盛赞它是"万园之园""人间天堂"，可以说是清王朝仅次于紫禁城的政治中心。被英法联军焚毁之后，同治七年（1868年），满族御史德泰曾奏请修复圆明园，但是被慈禧否决了，她知道以内忧外患之下的大清财政根本承担不了如此巨资，那么同治帝为何一亲政就要动工如此庞大的工程呢？究其原因主要有两点：一是报答母恩，以尽孝道；二是摆脱慈禧，独揽皇权。慈禧在同治政事、私生活上处处指手画脚，使性格叛逆的同治帝十分厌烦，他渴望摆

圆明园一角

铁腕太后——慈禧

同治帝想借重修圆明园之机
摆脱母亲的控制 t

脱母亲的势力范围，希望重修圆明园后把母亲送出紫禁城，自己独掌大权。另外，重修圆明园也是得到了慈禧的允肯与支持的，叱咤风云、独断朝纲十余年的慈禧已经习惯了权力带来的绚烂奢华，归政之后的平淡与寂寞生活对她来说无疑是一种煎熬，她希望能够用奢华的生活来排遣她退居幕后的空虚与落寞。有了她的支持，同治帝才底气十足地大兴土木。然而，谕旨一下，群臣哗然，十月初一日，御史沈淮上疏，请缓修圆明园，同治帝大怒，立即召见，严厉斥责了他。之后御史游百川又上疏谏阻，同治帝越发恼怒，十月十四日，朱谕革除了游百川的职务，并告诫群臣，不准再奏。

同治十三年一月十九日（1874年3月7日），圆明园重修工程正式开始。同治帝一再催促工程的进度。三月十二日，同治帝亲自视察工程，盘桓整日，不以为倦。当月下旬又传旨，再次视察圆明园。看到同治帝几乎把所有的精力都用到了修复圆明园上，大臣们觉得不能再沉默下去了。三月十四日，醇亲王奕和御前大臣景寿等联名上疏，但同治帝对此根本不加理睬，依然我行我素。六月初七日，翰林院侍读学士李文田上奏请停圆明园工程，同治帝依然没有理会。恭亲王奕感到事态严重，如果继续发展下去，不仅

同治帝忙于修建圆明园，
无暇政事

铁腕太后——慈禧

变诉等人上书皇帝请停圆
明园工程，遭到拒绝

会导致同治帝荒于政事愈加严重，而且王朝的
未来也会掉进圆明园工程这个无底洞里，于是
奕决定出面干预。

同治十三年七月十六日（1874年8月27日），
恭亲王奕与醇亲王奕等上《敬陈先列请皇上及
时定志用济艰危折》要求"将园工即行停止"。
上奏后，奕怕这个不成才的小皇帝对奏折根本
不拆阅或留中不发，便请求皇帝召见以便面陈。
同治帝不见，奕等再三请见，同治帝不得不在
接到奏折后第三天召见，奕请求停修圆明园，
并一一指陈同治亲政后的疏失，奕、文祥也偕
同力谏。同治帝听罢大怒，并表示"园工一事，
未能遽止"。为出心中恶气，同治帝于七月

归政同治 同治之死

面对母后的威慑，同治帝只好下谕
停建圆明园

三十日降下谕旨，削去恭亲王世袭罔替的亲王爵位。意犹未尽的同治帝于八月初一再降谕旨，革除包括恭亲王奕、醇亲王奕、御前大臣景寿、军机大臣文祥、李鸿藻在内的十几位朝廷重臣的职位，并准备当众宣布此谕。慈禧一直关注着事态的发展，看到同治帝一意孤行要革除十几位大臣的职，这样势必会打破正常的朝政秩序，她觉得自己不能再坐视不管了，于是赶在同治帝将谕旨明发之前，出面干预。见母后动怒，同治帝不得不恢复所罢各官职务，并发下上谕停修圆明园，一场闹剧就此收场。然而圆明园停工不久，同治帝就病倒了。

　同治十三年十月二十一日（1874 年 11 月 28 日），同治帝驾车西苑时受凉，身体有些不适。十天后，同治帝病情突然加重，开始发烧，四肢无力，浑身酸痛，皮肤上出现没有凸起的疹形红点。慈禧听了御医的报告后心急如焚，她担心同治帝感染了天花。天花，中医学称为"痘疮"，民间也叫"出疹"或"出痘"，是一种因病毒引起的接触性传染病，病重者会因浓毒而引起败血症，在数日内死亡，尤其是在当时，并没有医治天花的有效办法和药物，所以感染了天花的人大部分都等于被判了死刑。之后几日，同治帝又明显地表现出出疹症状：

同治帝得了重病，举国悲哀

归政同治 同治之死

同治帝早逝，紫禁城笼罩在一片愁云惨雾之中

"疹形透出，挟杂瘟痘""颗粒透出"，由此御医判断，同治帝的确感染了天花。慈禧不敢怠慢，一面吩咐御医全力诊治，一面祈求祖先神灵保佑儿子能闯过这一关。十一月的前十天，同治帝的病情稍有好转，但此后便更加趋于恶化。同治十三年十二月初五日（1875年1月12日）傍晚，偌大的紫禁城笼罩在一片愁去惨雾之中，同治帝经过了三十六天的病痛折磨，带着满身疮痍和母亲悲痛的泪水，匆匆离开了这个世界。人们在为同治帝的丧事奔忙的同时，也都在思忖着同一件事情：同治帝无子，谁将是下一任的新皇帝呢？慈禧又将如何规划未来的政局呢？

铁腕太后——慈禧

四　二次垂帘　慈安之死

养心殿内景

不满20岁的同治帝突然驾崩，使得刚刚退居幕后的慈禧又走到政治舞台的中心。十二月初五日酉时，同治帝死于养心殿的东暖阁，戌时，慈禧和慈安在养心殿西暖阁紧急召见了亲王、贝勒、御前大臣、军机大臣等二十多人，共同商定皇帝的继承人。

经过一番商议，两宫太后宣布懿旨："醇亲王奕之子着承继文宗显皇帝(咸丰帝)为之，入承大统，为嗣皇帝"。同时又宣布了大行皇帝的遗诏。之后颁布懿旨："皇帝龙驭上宾，未有储贰，不得已为醇亲王奕之子载湉，承继大行皇帝为嗣，特谕。"皇帝死后，没有下葬前，称为大行皇帝或大行。这就是说因为同治帝没有皇子，只好把载湉过继给咸丰帝为子，作为嗣皇帝继承咸丰帝的皇位。等将来载湉有了皇子，再继承同治帝的皇位。慈禧为什么选择立载湉为咸丰帝的嗣皇帝呢？主要有三点原因：一是因为载湉的父亲是咸丰帝的弟弟，而母亲又是慈禧的妹妹，从血缘亲情上看，在诸多人选中无人能比。二是弈比奕容易控制。第三点也是最重要的一点是载湉以咸丰帝儿子的名义继承大统，而他所继承的只是皇位，慈禧依然可以凭借皇太后的名义把持皇权。只有4岁的载湉离亲政还需十多年的时间，慈禧依旧可以垂帘听政，况且载湉年幼，更易于慈禧的管教和驾驭。所以慈禧选择了载湉。当夜，4岁的载湉便被请进了清宫，继承了皇位，改元光绪，寓意为"缵道光之绪也"，也就是继承道光传下来的皇位。光绪元年（1875年）一月二十日，光绪帝举行了登基大典。就这样，载湉成为大清的第十代第十一位皇帝，因为载湉虽然在同治之后继承的皇位，但他是以载淳弟弟的身份继承了咸丰帝的皇位，因此第十代就有了同治帝与光绪帝

光绪皇帝像

二次垂帘 慈安之死

两位皇帝。至此，慈禧精心设计，一手操办的第二次垂帘听政正式拉开了大幕。

光绪帝即位后，两宫太后懿旨，封阿鲁特氏为嘉顺皇后。然而光绪元年二月二十日（1875年3月27日），嘉顺皇后却突然死去，年仅19岁。关于她的死，当时便有传闻，有的说是吞金，有的说是绝食，可是阿鲁特氏为什么突然自杀了呢？慈禧不喜欢这个皇后为一方面，另一方面是未来的皇权之争，这也是问题的实质。因为光绪帝即位后，两宫以太后的身份垂帘，使得阿鲁特氏处在了一个十分难堪的地位。她本应是太后，但又做不了太后，做皇后呢，光绪亲政后必然要立个皇后，因此可以说把她逼上了绝路。阿鲁特氏的父亲崇绮曾入宫探视，面对这种局面不知怎么办才好，便上奏慈禧请求明示，慈禧明确地说："皇后如此悲痛，即可随大行皇帝去罢。"崇绮无奈，只好在女儿请命时批了个"死"字，由此年轻贤淑的嘉顺皇后也紧随同治帝而去了。

慈禧将年仅4岁的载湉扶上了皇帝的宝座，实在是一石数鸟，这不仅可以保证自己稳操皇权，而且又再一次证明了自己

幼年的光绪帝像

铁腕太后——慈禧

建极绥猷

慈禧将年幼的光绪帝扶上
了太和殿的宝座

的权威。然而慈禧知道光绪帝终究会有长大的一天，自己终将有一天将皇权交还于他，只有将光绪塑造成一个唯命是从的"儿皇帝"，才能使自己长长久久地掌握权力。为此，她不顾骨肉之情，强行切断了光绪与亲生母亲的一切联系，把以前在光绪身边照顾他的人也都换成了一批能顺从慈禧旨意行事的太监，这样她就能严密地监视光绪的动向了。此外，慈禧还用威严教育的方式强化她在光绪帝幼小心灵中的权威形象，可以说光绪帝在成长过程中根本体会不到天子所拥有的独断乾坤的尊严和君临天下的霸气，他的童年生活就只有皇宫中周而复始的繁琐礼节和慈禧无所不在的严词训诫。加上太监们对光绪日常饮食的不负责任，光绪帝从小就精神抑郁，身体羸弱，这也直接影响着他以后的精神状态及身体状况。光绪二年，按照清朝祖制，虚岁 6 岁的光绪要上学读书了。慈禧选择了曾教过同治帝的翁同龢作为光绪的师傅。翁同龢国学功底深厚，才华横溢，授读时也是尽心尽力，除了学习上对光绪耐心细致，不厌其烦地引导外，在生活上对他也是无微不至地照顾和体贴，常常为光绪帝排解心中的烦恼。在师傅的精心教导之下，光绪帝喜欢上了读书，在书房里看书学习成

光绪帝的师傅翁同龢像

铁腕太后——慈禧

为他在寂寞的深宫中寻求精神慰藉的最好方式。对于光绪帝表现出来的聪明好学和感悟力强等特点，慈禧也是大感欣慰。

慈安皇太后像

光绪七年三月初十日（1881年4月8日），年仅44岁的慈安太后突然去世，慈安太后死得突兀，人们没有任何准备。对于她的死，出现了种种不同的说法，归纳起来主要有两种——被人给害死说和正常死亡说。被人害死说的凶手，指的就是慈禧。《崇陵传信录》载：咸丰帝临终前曾秘密留下一份遗诏给慈安，让她监督慈禧，若慈禧"安分守己则已，否则汝可出此诏，命廷臣传遗命除之"。但老实的慈安却在不经意间将这件事告诉了慈禧，并为了表示对慈禧的信任，当着慈禧的面将遗诏烧毁了。慈禧表面上对慈安感激涕零，内心却对慈安极为不满，于是借向慈安进献点心之际，暗下毒药，把慈安杀害了。这类描述虽然很生动，但多见于野史笔记，可信性稍差。著名学者金梁对此说提出的质疑可谓一针见血："近人依托宫闱，流言无实，尤莫甚于恽氏笔录所载孝贞暴崩事。即云显庙受敕焚毁，敕语何以而知？食盒外进，又谁确见？恽氏曾事东朝，横遭影响无稽之言，后之览者，宜深辟之。"其实，稍加深

钟粹宫

入的分析一下，便可知慈禧根本没有必要害死慈安，因为慈安忠厚仁慈，基本上不过问政事，一味地退让，对政事既不太懂，也不感兴趣，所以对慈禧并不构成任何威胁。另外在为同治帝选后的问题上，虽然慈安与慈禧有分歧，与同治帝一起坚持选了慈禧并不看好的阿鲁特氏为皇后，但是这个皇后已经在同治帝死之后，也殉死于储秀宫，慈禧心中的不悦也应已舒解开，一切得心应手的慈禧已没有理由依然为此怀恨慈安，动起杀心了。另一方面，从慈禧对慈安后事的安排中，也可以澄清慈禧的嫌疑。《翁同龢日记》对此有详尽的记载：慈安死于十日晚八时，半夜（子时）翁同龢就接到了入宫的通知。"子初，忽闻呼门，苏拉李明柱、王定祥送信，闻云东圣上宾，急起检点衣服，查阅旧案，仓促中悲与惊并。"进宫后，各路大臣陆续到来，可以说在慈安的后事时间安排上，慈禧没有片刻的犹疑与拖延。天明之后，等候的大臣们接到旨意，进入慈安寝殿钟粹宫，慈禧命太监揭去"面幂"，"令瞻仰"。慈禧在此并没有遮遮掩掩，而是大大方方地命所有王宫大臣瞻仰遗容，这既可以看出慈禧的远见卓识，也说明了慈禧心中无鬼。最后，慈禧还为慈安准备了一个很大的金匮，"甚大，时灵驭已移至宫，安奉于金匮之西"。这证明慈禧是把慈安放在皇太后的位置上处理后事的，没有丝毫的怠慢，未正二刻（14时45分）大殓。皇太后死，第二天装入棺材，是完全合乎清代礼制的。《翁同龢日记》的其他记载也说明了慈禧对慈安的丧礼是极为重视的。而且翁同龢也亲见慈禧戴孝，"恭闻慈禧以白绢蒙首，簪以白金，缘情制礼，不胜钦服"。所以说慈禧害死慈安的说法基本不可信。那么是否有足够的证据来证明慈安是正常死亡的呢？

翁同龢墨迹

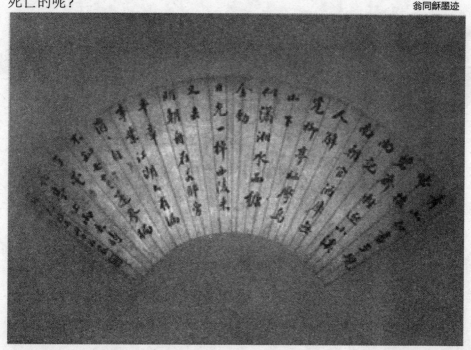

二次垂帘 慈安之死

对于慈安太后的死因，宫廷内众说纷纭

《翁同龢日记》中有关于慈安患病到死亡的重要记载。当时翁同龢不仅担当光绪帝的老师，而且也是礼部尚书。礼部主管皇室的婚丧大典，翁同龢负责办理慈安的丧仪，对于慈安的死因就有了比较深入和翔实的了解与记载，可以说可信性较强。

同治二年二月初九日（1863年4月6日）："慈安皇太后自正月十五日起圣躬违豫，有类肝厥，不能言语，至是始大安。"这次慈安共病了二十四天，病势较严重。

同治八年十二月初四日（1870年1月5日）："昨日慈安太后旧疾作厥逆半时许。传医进枳实、菜菔子。"与上次相隔六年后，病情再次发作。

光绪七年三月十日（1881年4月8日）："东宫后感寒停饮，偶尔违和，未见军机。"晚间即暴身亡。这一日慈安的临床表现和所下的药方是："晨方：天麻、胆星；（脉）按云类风痫甚重。午刻一（脉）按无药，云神识不清、牙紧。未刻两方虽可灌，究不妥云云，则已有遗尿情形，痰壅气闭如旧。酉刻，一方云六脉将脱，药不能下。戌刻（晚八时前后）仙逝。"据专家对这三次发病的综合分析，认为慈安患的是脑血管疾病，很可能是脑出血。况且之前由于慈禧生病，慈安一人独理朝政，她的知识容量，决策水平和应对能力都远远不及慈禧。巨大的压力使她身心俱疲，在她发病的前一天，《述庵秘录》中载她"两颊微赤"，虽然无明显感觉，但从这一面色判断，慈安此时已是"肝阳上亢"，可能血压过高直接诱发了脑出血。脑出血即使在现在也是不治之症，何况在一百多年前呢？由此我们可以得出一个极为接近事实的结论：慈安是死于脑血管疾病，而并非为野史中所描述的被慈禧所害。慈安死后，两宫垂帘变成了一宫垂帘。此时光绪帝还未成人，慈禧大权独揽，虽然慈安生前极少参与政治，但她的存在本身对慈禧的权力仍有

慈安太后去世时年仅44岁

二次垂帘　慈安之死

权倾一时的慈禧和宫内太监

不容忽视的威慑力，有慈安在，慈禧还是不敢太明目张胆、恣意妄为。现在，慈安一死，权力尽归西宫，慈禧终于可以为所欲为了。1884 年，慈禧发动了"甲申朝变"，以中国在中法战争中失利为借口，罢免了以奕为首的军机处全班人马，随即又安排了包括光绪的生父奕在内的完全听命于自己的人在这个中枢机构中。这次军机处大换血使慈禧顺利地解除了奕的"威胁"，这也是慈禧一直以来心中最大的隐忧，嫂叔之间二十余年的合作与政争也宣告结束。慈禧成为了名至实归的太皇太后。

五　曲折亲政　六旬寿诞

光绪十二年（1886年），光绪帝16岁。屡经蹉跎的他，除了口吃这一先天不足之外，无论哪一方面都远远超过了当年的同治帝。他不仅性情宽厚，沉毅敬穆，而且学已有成，在"批阅奏章，论断古今，剖决是非"等方面也显现了非凡的能力。顾及到清朝祖制及臣民心态，慈禧不得不考虑归政问题了。光绪十二年六月十日（1886年7月11日），慈禧与光绪帝召见醇亲王奕等人，并发布懿旨，确立皇帝明年亲政。视权力为生命的慈禧当然不会就此心甘情愿地归政于光绪，只是严峻的客观形势迫使她不得不摆出一副归政的姿态来。但是她深信她的那些亲信枢臣们一定会了解她

光绪帝性情宽厚，沉毅敬穆

铁腕太后——慈禧

慈禧对权力有着超乎寻常的欲望

的良苦用心，她有控制局面发展的把握。果不其然，懿旨发布的第三天，请求皇太后收回成命的折子如雪花般呈到了慈禧的手里。主旨只有一个，就是希望皇太后继续掌权。其中以醇亲王奕的奏折最为夸张，"王大臣审时度势，台词吁恳皇太后训政。敬请体念时艰，俯允所请，俾皇帝有所禀承。日就月将，见闻密迩，俟及二旬，再议亲理庶务……臣愚以为归政以后，必须永照现在规制，一切事件，先请懿旨，再于皇帝奏闻"（《光绪朝东华录》）。按照醇亲王的主张，皇帝现在亲政仍不合适，即使亲政也要等到 20 岁，亲政后皇帝也必须按照现

清西陵冬景

在的规制，每日请示，再做决断。这样的虚伪逢迎当然不是他的心里话，慈禧归政，做父亲的当然希望自己的儿子亲政。可是奕譞更加清楚的是，十二年前，慈禧选择了自己的儿子继承皇位，很大一部分原因正是因为自己对慈禧的忠心与言听计从。现在慈禧要归政，自己当然要首先表态，以解除掉慈禧可能会对自己抱有的疑惑。通过这份奏折，他向慈禧明确传达了这样一个信息：我绝不会以皇帝的生父自居，也永远不会有任何非分的妄想。对于这样的奏折，慈禧自然是十分满意，于是一向独断专行的慈禧此时却从谏如流，痛快地接受了奕等人的建议，正式发布了懿旨："皇帝初亲大政，决疑定策，实不能不遇事提撕，期臻周妥。既据该王大臣等再三厉恳，何敢固守一己守经之义，致违天下众论之公也。勉允所请，于皇帝亲政后再行训政数年"（《光绪朝东华录》）。就这样，慈禧以臣下数次恳请为由，将训政的提议确定下来。显而易见，从垂帘到训政，除了名称的改变，慈禧一手操控皇权的实质不但没有任何改变，反而更加名正言顺了。

17岁的光绪头戴金冠，身着皇袍，在太和殿正式亲政

光绪十三年正月十五日（1887年2月7日），慈禧为光绪帝举行了亲政大典。上午九时，17岁的光绪帝头戴金冠，身着大黄龙袍，气宇轩昂地在太和殿接受了百官的朝贺，并颁诏天下。

光绪十四年（1888年），慈禧开始为光绪筹备婚事。经过反复筛选，她为光绪选中了一后二妃，"兹选得副都统桂祥之女叶赫那拉氏，端庄贤淑，着立为皇后。特谕"，"原任侍郎长叙之十五岁女他他拉氏，着封为瑾妃；原任侍郎长叙之十三岁女他他拉氏，着封为珍嫔"（《光绪朝东华录》）。从以上两道谕旨我们可以看出这样一个问题，就是懿旨中只有长叙两个女儿的年龄，而没有标示皇后叶赫那拉氏的年龄。稍加考证就可知道这是慈禧有意而为之的。这位皇后生于同治七年正月初十日（1868年2月3日），参加光绪选秀时已经22岁，按照清朝选秀的惯例，秀女的年龄应介于13岁到17岁之间，这位皇后可谓严重超龄了。另外这位皇后相貌平平，与眉清目秀、举止雍容的光绪帝实在是不相配。那么慈禧是出于何种目的立她为后呢？原来这位叶赫那拉氏是慈禧的侄女，慈禧强行把自己的侄女嫁给光绪帝不仅是在皇族中加强叶赫那拉氏的血缘，更可以把侄女当做自己的心腹安排在光绪身边，时刻监察皇帝的行为，这样一举两得的事情，慈禧当然要大力促成。于是，在光绪极不情愿的情况下，慈禧为光绪选定了皇后，并于光绪十五年正月二十七日（1889年2月26日）举行了大婚庆典。对于这位慈禧钦点的皇后，光绪并不喜欢，但对于活泼可爱的珍妃，他是很欣赏的。按清朝祖制，大婚后即应亲政。二月初三日，光绪帝举行了亲政大典，这标志着慈禧的训政，也就是第二次垂帘听政正式宣告结

皇袍

铁腕太后——慈禧

光绪亲政后，慈禧太后搬到了颐和园

束了。

光绪亲政后，慈禧搬到了颐和园居住。表面上看似已经不再插手政事，事实上由于众多党羽的存在，她仍然在隐控朝政。于是在朝廷上下便形成了两个政权中心，以慈禧为首的后党和以光绪为首的帝党。

光绪二十年十月初十日是慈禧的六十大寿，六十年为一甲子，中国人历来对六十大寿很重视，慈禧也不例外。为了让慈禧欢心，早在光绪十八年十二月初二日，光绪帝就已发下谕旨，"甲午年，欣逢（慈禧太后）花甲昌期，筹宇宏开，朕当率天下臣民，胪欢祝嘏。"并

为了给慈禧祝寿，朝廷上下忙碌
不停

安排礼亲王世铎、庆亲王弈劻等"总办万寿庆典"。

光绪十九年（1893 年）春，光绪帝又下令成立了庆典处，专司办理庆典事宜，关于庆典的各项准备事宜紧锣密鼓地开展起来。为了显示"圣寿"的隆重奢华，慈禧还下令设计《万寿点景画稿》，计划从西华门到颐和园的数十里路上用彩绸搭建六十多处彩棚、戏台、牌楼、经坛和各种楼阁等点景工程。现存于故宫的慈禧六十万寿六十段点景画稿真实地再现了慈禧大搞庆寿活动的情景。

十二月二十七日，光绪帝发布上谕，申明依据皇太后懿旨，将光绪二十年十月初三日至十七日这半个月定为庆典日期。提前十个月就安排了

庆典日程，足可见考虑之周到。光
绪二十年，刚进正月，光绪帝就连
发谕旨，筹备庆典。其中仅初三、
初四、初五这三天就连发八道谕旨，
初三这一日连发五道谕旨，这五道
谕旨都是光绪帝转发的慈禧太后的
懿旨。一个国家的最高领导者把寿
诞庆典作为压倒一切的大事来抓，
足以说明这个国家的腐败已经到了
无可救药的程度了。

颐和园后山寺院琉璃建筑

关于自己的六十大寿，慈禧还
有一个心愿，就是希望这一年不出
什么事端。因为她 40 岁生日时，日

曲折亲政　六旬寿诞

甲午战争博物馆一景

军侵占，不久同治又死于天花。50岁生日时，中法战争又搅得她昼夜不宁。她企望着60岁生日能够平平安安，欢欢喜喜地大庆一番。可是天不遂人愿，日本的情报部门分析了中国当时的情形之后，深知此时发动侵华战争是一个千载难逢的机会，"知今年慈圣庆典，华（中国）必忍让"。六月二十三日，日军不宣而战，悍然发动了甲午战争,毫无准备的清军被迫匆忙应战。八月十五日，日军向平壤发起了疯狂的进攻。这一天，光绪帝先到太和殿阅视表文，之后又到慈宁宫向慈禧恭进册室。在原先

的"端佑康颐昭豫庄诚寿恭钦献"的徽号之上又新加了"崇熙"二字。大礼之后正式颁诏天下。

八月十七日，日军占领平壤，清军溃不敌军，仓皇渡鸭绿江退入中国境内，朝鲜全境沦陷。第二天，日本海军在鸭绿江口的大东沟海面挑起了黄海大战，北洋海军顽强抵抗，统帅丁汝昌负伤，"致远号"等四艘战舰被击沉，几百名北洋海军壮烈殉国。直到此时，慈禧才感到事态的严重，这时大臣们也纷纷谏言，矛头直指庆典工程，令慈禧颇感压力。于是在坚持庆典继续进行的同时，慈禧表面上对庆典的规模做了一些限制。她于八月二十二日到二十九日连发懿旨："现当用兵之际，必应宽

甲午战争博物馆内的铜炮

备饷需,除饬户部随时指拨外,着由宫中节省项下发去内帑银三百万两,交由户部陆续拨用,以收士饱马腾之效。""兹者庆辰将届,予亦何侈耳之观,受台莱之祝也?所有庆辰典礼,着仍在宫中举行。其颐和园受贺事宜,即行停办。""一切点景俱暂停办。工程已立架油饰的不再添彩绸。"面对慈禧的巨大让步,群臣均"额手称道",但时隔不久,慈禧为敷衍舆论才采取上述政策的目的就暴露无遗了。

九月二十一日,光绪帝口传谕旨:"所有应进皇太后六旬万寿贡物之王大臣以及外省各大臣等,均着于本月二十五日呈进,其蒙古王公等于二十六日呈进,俱入福华门。钦此。"对于慈禧的授意,光绪帝不敢违抗,但在中日战争的紧要关头,他感到明发上谕让群臣进贡不妥,只好改为口传谕旨。谕旨下后"群议纷纷"。翁同龢与李鸿藻两位耿介之士更是直率地说:"至敬无文。"意思为真正的尊敬不需要什么虚假的文饰,送礼纯属多余。大臣们都觉得他们说得有道理,但慑于慈禧的威力,也都不得不进呈贡品。

九月二十四日,光绪帝再发谕旨,公

甲午战争博物馆内的蜡像

布了六旬大寿庆典的日程表，要各部门认真准备。二十五日，日本侵略军强行攻过鸭绿江，熊熊战火已燃到中国境内。正是这一日，王大臣以及外省各大臣开始呈进万寿贡物，这也正式拉开了慈禧六旬寿典的序幕。九月二十六日，光绪帝发布上谕，给所有呈进贡物的王大臣们赐赏表示答谢。第二天，日本第一军侵占了九连城，第二军在花园口登陆，前线战事已十分危急。

九月二十八日，光绪帝召见了恭亲王奕䜣和礼亲王世铎，奕䜣上奏了前线情形，世铎"则犹商量庆典"，这位当朝的首席军机大臣置前线于不顾，心中只有慈禧和庆典，令翁同龢"腹枵气沮矣"。十月初三日，慈禧召见礼亲王世铎、庆亲王奕劻，"今日所言皆系庆典"，从十月初一日起，内外臣工"穿蟒袍补褂一月"，开始了隆重的祝寿活动。直到十月十七日庆典结束，每日都在搞庆祝活动。十月初九日，日本侵略军攻占金州。此时慈禧六旬庆典的日程安排是在宁寿宫听戏之日。光绪帝不敢明令禁止唱戏，但对大臣们说："听戏之日，诸事延搁，尽可不到也。"十月初十日是慈禧六十大寿的正日。翁同龢记道："同诣皇极门外敬俟，第一层是皇极门，第二层宁寿门王公在宁寿门阶下，皇上于慈宁门门外。巳初（九时许），驾至，步行由

甲午战争时期遗留下的铜炮弹

铁腕太后——慈禧

西门入，折东阶，皇太后御皇极殿，先宣表，
上（光绪帝）捧表入宁寿门，授内侍，退出门，
率群臣三跪九叩，退至新盖他达换衣。已正
二刻（十时三十分），入座听戏刻许，遂退。"
而此时在大连，因守将赵怀业弃炮台先行逃
跑，日军没有浪费一枪一弹就轻松占领了辽
南重镇大连。十月十一日，旅顺告警，但庆
典依旧安然进行。国土沦丧，重镇失守，民
众惨遭屠戮的危殆时刻，最高统治者却在宫
中升殿受贺、赏戏宴饮，这是一个怎样无能
与腐败的政府！八月十五日，光绪帝在御华

清东陵定陵咸丰牌楼

殿会见了各国使臣，接受了他们寿诞大典的最后一次祝贺仪式，并进膳，看戏。之后慈禧的六旬庆典才在日军肆虐的战火中徐徐落下帷幕。

据户部奏称，这次六旬万寿庆典各部门承办工程差务等项共需银 5416179 两，而在整个甲午战争中，户部给前线的两次筹款却只有 2500000 两，还不到庆典支出的一半。慈禧不顾前线经费的紧缺而大肆举行六旬寿典，激起人民的义愤，后来人们撰写对联来表达对慈禧所作所为的愤慨之情："万寿无疆，普天同庆；三军败绩，割地求和。"还有把贺词"一人有庆，万寿无疆"。改为了"一人庆有，万寿疆无"。

六一　一意求和　戊戌政变

六旬庆典过后，慈禧对于精心策划了近两年的生日庆典没有按规划圆满实现很是不悦，以致庆典刚刚结束，已经归政的她，又恣意妄为开始插手政事。

　　光绪二十年十月初四日，慈禧召见了枢臣以商议应对当前紧张局势的计策。军机大臣孙毓汶奏陈可以请各国进行调处，翁同龢对此表示反对，但他也没有什么具体的救国良策，不过慈禧却自此倾向议和了。十月初六日，慈禧发布懿旨，补授翁同龢、李鸿藻、刚毅为军机大臣，这样做也是符合光绪的心意的，一直以来光绪最信任的大臣莫过于翁同龢，甚至光绪帝每阅一份奏折都要与翁同

中日战争爆发，慈禧一意求和

铁腕太后——慈禧

龢商量怎样处理才好。十月初九日，日本军队攻陷大连湾。前方连连败退让光绪帝心急如焚，也让慈禧更加坚定了议和的决心。十月二十五日，恭亲王奕䜣和庆亲王奕劻带着一份调处文书请求慈禧召见。这份文书是由美国驻华公使田贝带来的，自称是奉本国命令为中日两国进行调处。文书的大意是中国美国同派田贝调节中日之战，中国答应朝鲜自主，并赔偿款额，便可停战，如果调解不成，则再行开战。光绪帝审看过此文书之后提出自己的疑虑："冬三月倭人畏寒，正我兵可进之时，而云停战，得毋以计误我耶？"由此可见光绪帝是反对中日议

旅顺日俄监狱旧址

和的，并怀疑美国人调处的真正动机，但光绪帝也一样拿不出有针对性的可行之策，只能是保持消极抵抗。

十月二十四日，翁同龢在日记中写道，"闻旅顺失守，为之惊悸。邀其他重臣共商计策，大家竟面面相觑，相对无一策，只能默坐长叹。"在他给朋友的信函中可见他当时的心情："愤虑填膺，恨不速死。"旅顺素来号称"东方第一要塞"，清政府"糜巨金数千万，船坞、炮台、军储冠北洋"，如此重要之地竟然轻易落入敌手，战局的危险性可想而知。面对这种局势，慈禧再也无法旁观下去，她决定不顾一切同日本议和。首先要做的当然是要打击帝党力量，为议和扫清障碍。

十月二十九日，慈禧在仪鸾殿召见了众位军机大臣。翁同龢在日记中这样记载道："皇太后召见枢臣于仪鸾殿，先问旅顺事，次及宫闱事。谓：瑾、珍两妃有祈请干预种种劣迹，即降旨缩降为贵人，等因。臣再三请缓办，圣竟不谓然。是日，上（光绪帝）未在座，因问：上知之否？谕云：皇帝意正尔！"随即发布了懿旨，将瑾妃、珍妃降为了贵人。对此光绪帝并不知情，但他隐忍了下来。光绪明白，慈禧处置二妃真正的用意是给自己一个警告，但之后慈禧的一系列行为就令光绪帝有些措手不及了。慈禧逐渐地察觉到光绪帝亲政之后周围已经形成了一股势力，这些人中除了有光绪帝一直很依赖的翁同龢以外，还有志锐、文廷式等台馆诸臣。志锐，字公颖，其父长敬与瑾妃、珍妃之父长叙是兄弟。志锐自幼聪颖，光绪六年中进士，选庶吉士，授编修，后被光绪帝擢为礼部右侍郎。文廷式，江西人，曾做过珍妃入宫前的老师，光绪十六年（1890年）在科举考试中一甲第二名进士（榜眼），任过翰林院编修、侍读学士等职，深受光

旅顺号称"东方第一"要塞

一意求和 戊戌政变

083

绪帝器重，他们事事秉承光绪旨意，不畏惧慈禧的势力积极进言，是光绪的得力助手。志锐与文廷式都属主战派，中日开战以后，文廷式曾联合几十人上疏，力主对日作战，并大胆提出应停办慈禧太后的六十寿典，节省开支以作军费，这使得慈禧十分被动。志锐更上奏章弹劾军机大臣孙毓文、徐用仪把持军机，"专愎成性，任意指挥，不顾后患"，"操纵自由，暗藏机关，互相因应"。要求光绪帝将二人立即罢黜，逐出军机处。志锐激烈的言词大大刺激了后党的官僚们，因为都是后党的主将，志锐的孙毓文、徐用仪的做法使得一意主和的慈禧十分反感。十一月初七

刘公岛甲午海战馆

铁腕太后——慈禧

日，慈禧亲下懿旨将志锐贬斥到边远的乌里雅苏台。十一月初八日，慈禧又命撤销满汉书房。光绪为制造主战的声势，曾面谕内廷行走人员，讽示内外臣工，多上主战条陈，这使得主战的呼声日益高涨，慈禧对此极为恼怒。光绪帝得知慈禧要撤掉满汉书房后十分不满，于是命刚上任军机大臣的恭亲王奕向太后求情，慈禧觉得教训光绪的目的已达到，就只撤掉了满书房，把汉书房保留了下来。慈禧除了制造惩治二妃，贬谪志锐和撤满汉书房事件来警示羽翼逐渐丰满的光绪帝外，还大胆革除了安维峻，锐减了光绪帝的锋芒。安维峻时任御史，他反对议和，认为抵抗到底才能民族自救。旅顺沦陷后，后

中日甲午战争殉国将士墓

党加紧同日议和，安维峻义愤填膺决心拼死力阻议和。十二月初二日他上奏指斥李鸿章卖国，责备李莲英干政，揭露慈禧太后牵制，尤其是"皇太后既归政皇上，若仍遇事牵制，将何以上对祖宗，下对天下臣民"这句话，简直是说到光绪帝的心坎里，如此明目张胆地抨击慈禧，这是慈禧掌权的清代官场中是极为罕见的，奏章呈上后赢得了朝臣上下爱国人士的由衷赞叹。但光绪帝在强硬的慈禧面前并不敢公开支持安维峻，只好下令将其革职，这也算得上是光绪帝对安维峻的保护性处置了。

慈禧的这一系列动作，不仅沉重地打

旅顺沦陷，战火直逼京城

铁腕太后——慈禧

由于慈禧一意求和，清廷不得不与日本签订了丧权辱国的《马关条约》

击了以光绪帝为核心的帝党力量，也为自己的议和主张铺平了道路。从此以后，慈禧可以放手进行议和谈判了。光绪二十年，由于慈禧一意避战求和，清廷不得不与日本签订了丧权辱国的《马关条约》，恰逢这一年是会考年，当时云集京师的举人义愤填膺，奔走相告，强烈要求清廷拒签条约，继续抗战。康有为等人联名十八省举人共上一书，这就是历史上有名的《公车上书》，这份一万八千字的上书陈词慷慨，气势磅礴，极言救时之方，详陈自强之道，从此维新派在中国掀起了一场有声有色的维新变法运动。

康有为像

　　甲午战争的惨败和《马关条约》的屈辱签订，使年轻倔强的光绪帝感到奇耻大辱，康有为等人的上书使光绪帝似乎看到了自强维新的希望，他"日夜忧愤，益明中国致败之故若不变法图强，社稷难资保守，每以维新宗旨商询于枢臣"（《清廷戊戌朝变记》）。后来他又读了康有为著的《日本变政考》和《俄大彼得变政记》，越发感觉维新变法势在必行。可是光绪帝虽然亲政已久，但处处受慈禧牵制，并没有真正的实权，无奈之中，光绪帝对庆亲王奕劻说了这样一句话："太后若仍不给我事权，我愿退让此位，不甘作亡国之君。"

　　出乎光绪帝意料的是，对于如此大不敬的怨言，慈禧竟然没有大发雷霆，她还在光绪帝给她请安时说："变法乃素志。同治初即纳曾国藩议，派子弟出洋留学，造船制械，凡以图富强也。"慈禧为什么允许光绪帝实行变法呢？原因就是列强的威逼。甲午战争后，清政府陷入了空前的经济危机和政治危机。中国面临被列强瓜分的危险，慈禧自然也有随时失掉显赫皇权的可能。因此在光绪帝主张变法的起始阶段，慈禧并没有公然阻挠。但是慈禧的支持是有条件的，"凡所实行之新政，但不违背祖宗大法，无损满洲权势，即不阻止，儿可自为之"（《清廷戊戌朝变记》）。"不违背祖宗大法"是说祖宗的大法，即封建专制主义制度不能变，封建的皇权不能有任何削弱，"无损满洲权势"是说任何维新变法都要以维护满洲权势的利益为准则，这也是统治的根本。于是光绪帝在获取了慈禧关于变法的基本原则的指示之后，启动了变法。

四月二十三日，光绪帝颁布了《明定国是诏》，宣布变法自强。四月二十五日，光绪帝命已任工部主事的康有为于本月二十八日预备召见，亲自倾听他的变法主张。然而

《公车上书》陈词慷慨

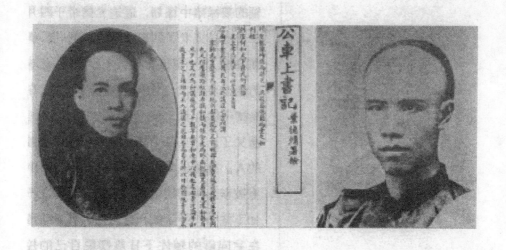

翁同龢故居

就在变法即将轰轰烈烈展开之时，慈禧却同被她提拔为步军统领的荣禄暗中谋划，逼迫光绪帝于四月二十七日连发了四道谕旨。谕旨一发，满朝骇然。第一道谕旨是罢免翁同龢。慈禧的这个突然决定让光绪帝措手不及，在光绪帝的心里，翁同龢算是他的严师与慈父了，一直以来都是他最信任最依赖的人。慈禧认为自己理应在光绪帝心中有被奉为神明的位置，而翁同龢却在不知不觉中代替了她，她怎能容忍光绪帝在翁同龢的辅佐下日益摆脱自己的控制，所以在变法的启动伊始慈禧毅然决然地将光绪帝最得力的助手翁同龢罢免了。而光绪帝奉此谕后，虽"惊魂万里，涕泪千行，竟日不食"，但也已经已经难挽局势了。第二道谕旨是慈禧对于二品以上大臣有任免权力。第三道谕旨是任免荣禄为直隶总督兼北洋大臣。在变法的关键时刻，慈禧一再提拔自己的亲信为中枢大臣以控制军事实权。第四道谕旨是慈禧将和皇帝一起于本年秋季到天津阅操。"阅操"即"阅兵"，只有真正拥有兵权的人才有资格去检阅军队，慈禧的意图无非是要告知天下她才握有全国军队的指挥权。这四道谕旨使慈禧牢牢地掌握住了谕旨权、用人权和军事权，她弓弦张满，待机而发。接下来要做的就是静观权力所剩无几的光绪帝如何变法了。

慈禧的心腹大臣荣禄像

一意求和 戊戌政变

光绪帝在颐和园召见康有为，商议
变法事宜

四月二十八日，光绪帝在颐和园仁寿殿召见了康有为。君臣之间就八股、办学、铁路、矿物、购舰、练兵、用人方面交换了意见，交谈持续了两个多小时，光绪帝很满意，随即命康有为在总理衙门行走，并授予他直奏权，以后如有奏言不必由大臣代转。这是光绪帝对康有为第一次也是唯一的一次召见。自此，维新运动便大张旗鼓地开展起来了。从四月二十三日光绪帝"诏定国是"开始，到八月初六日慈禧发动政变，共实行变法一百零三天，历史上称为"百日维新"。为什么一开始支持变法的慈禧又突然变卦反对变法了呢？是什么事情触动了她敏感的神经呢？

变法期间，光绪帝发布的各项措施对社会产生了巨大影响，维新派欢欣鼓舞，守旧派则不是阳奉阴违，避重就轻，就是造谣阻挠，而慈禧对变法却一直保持着默许。然而七月十九、二十日光绪帝发布的两道谕旨却像两枚炸弹，使慈禧由容忍转为了震怒。

七月十九日，光绪帝下旨罢免了礼部尚书怀塔布、许应骙以及侍郎、署侍郎共计六位官员，将礼部主事王照着赏三品顶

天津梁启超故居饮冰室

戴，以四品京堂候补，理由是礼部主事王照的条陈应由该衙门的各堂官代递，但由于王照的条陈多是新政之事，遭到了许应骙的阻隔，光绪帝忍无可忍便罢免了包括许应骙在内的六位守旧派官员。皇帝罢免官员本无可厚非，但是却违背了慈禧之前颁布的二品以上官员的任免需请求她的懿旨。之后七月二十日光绪帝授杨锐、刘光第、林旭、谭嗣同为四品卿衔，"在军机章京上行走，参预新政事宜"。四章京虽然品级不高，但他们却成了光绪帝在军机处推行变法的得力助手。

对慈禧而言，光绪帝无视她的权威而断然罢免大臣，任用小官，无疑是一次权力示威。但让慈禧决心发动政变的除了这两道谕旨外，更重要的是另外两件事，一件是慈禧获悉光绪帝要在八月初五日接见来北京访问的前日本首相伊藤博文。伊藤博文作为明治天皇的顾问，直接参与和指导了明治维新，颇有变法的经验。他的即将来访使朝廷上下议论纷纷，"守旧者皆惶悚不安"。如果说这件事使慈禧疑虑陡增的话，那么另一件事则被慈禧视为是对她权力基础的动摇。七月二十八日，光绪帝借去颐和园向慈禧请安之际，向慈禧提

明治维新三杰之一西乡隆盛

铁腕太后——慈禧

出了维新党人建议开懋勤殿。懋勤殿是专供皇帝读书的地方，康有为等维新派建议：以开设懋勤殿为名，"选集通国英数十人，并延聘东西各国的政治专家，共议政治制度，将一切应兴应革之事全盘筹算，定一详细规则，然后施行"。这个建议的实质是在光绪帝的用人权受到极大限制的前提下，以议政的名义将康有为等维新派品秩较低的人员聚集到光绪的身边，成为政治核心力量。慈禧听了当即大怒，与光绪帝发生了激烈的争执。这对对权力十分敏感的慈禧来说无疑是要挑战她把持了三十余年的最高权力，她岂能容忍？慈禧决定不再放手不管，开始谋划政变。

囚禁光绪皇帝的瀛台

敏感的光绪帝意识到了如果变法继续推行，后果将难以预测，为了保护维新党人的安全，他明发和暗送了两道谕旨，令康有为迅速离京。此时的光绪帝对身边的枢臣说了这样一番话："朕不自惜，死生听命，汝等肯激发天良，顾全祖宗基业，保全新政，朕死无憾。"（《清廷戊戌朝变记》）可见当时的光绪帝已经意识到自己的处境十分危险，但他将生死置之度外，仍在力争变法。

八月初六日，慈禧召见诸位王大臣，发动了宫廷政变。王大臣跪于案右，光绪帝跪于案左，同时设竹杖于座前，大殿内充斥着一股杀气。慈禧怒气冲冲地训斥光绪帝："变乱祖法，臣下犯者，汝知何罪？试问汝祖宗重？康有为重？背祖宗而行康法，何昏聩至此！……"光绪帝吓得魂飞云外，不敢应对。当天，慈禧就迫不及待地以光绪帝的名义发下两道谕旨：一是宣布慈禧训政，二是捉拿康党要犯。八月初七和初八日，慈禧又两次审讯光绪帝，极为愤恨的她又当即下旨，捉拿维新党人，并禁皇帝于瀛台。瀛台位于北京南海，本是皇帝避暑和游览的胜地，但自此却成为了囚禁光绪帝的牢笼。光绪帝除了每天被拉去早朝做个样子外，便不得自由出入了。慈禧还把光绪帝身边的太监全都撤走，换成了自己的心腹来监视他。慈禧的二次训政，实际上也就是她的第三次垂帘。由于这次宫廷政变发生在戊戌年，因此也叫戊戌政变。

光绪二十四年八月十三日，慈禧下令杀害了杨深秀、杨锐、林旭、谭嗣同、刘光第、康广仁，史称"六君子"。次日，慈禧以光绪帝的名义发布谕旨追捕康有为。慈禧把刚刚兴起于中国大地的维新变法运动扼杀在了摇篮之中，业已推行和将要推行的变法措施几乎全部被终止。维新派噤若寒蝉，守旧派弹冠相庆。

戊戌六君子被杀害，戊戌变法以失败告终

七 废帝风波 宣战洋人

慈禧借光绪帝之名频频颁布谕旨，迷惑大众

八月初十日（9月25日），光绪帝颁布了寻医的上谕："朕躬自四月以来，屡有不适，调治日久，尚无大效。京外如有精通医理之人，即着内外臣工切实保荐候旨，其现在外省者，即日驰送来京，毋稍延缓。"（《德宗实录》）上谕虽然是以光绪帝的名义颁发，但是却引起朝野上下极大震动。人们纷纷质疑光绪帝生病的真实性。四月份时光绪帝还在雷厉风行地主持变法，此间未闻有任何不适，何以在慈禧镇压变法的同时突然昭示天下自己患了连御医都医治不好的重病？慈禧是否又在酝酿什么阴谋呢？

义和团被俘人员

　　光绪二十五年十月二十四日（1900年1
月24日），慈禧又借光绪帝的名义颁布谕旨，
说自己的病已经无望治愈，恳求皇太后允许
自己立嗣，并封载漪之子溥儁为皇子。光绪
二十六年正月初一日（1900年1月31日），
慈禧派溥儁代光绪帝行礼，并将其接入宫中。
至此，慈禧企图废帝的阴谋也被众人洞穿，
保皇的呼声一浪高过一浪，令慈禧陷入了被
动的泥沼之中。上海的电报总办经元善联合
上海绅商市民一千二百余人，谏阻慈禧废黜
光绪帝的企图和行为，他们以电奏力保皇上：
"圣上力疾临御，勿存退位之思。上以慰太
后之忧勤，下以弭中外之反侧。"（《居易

初集》）经元善之举在全国引起了极大反响，电奏发出后，全国各地反对立储的通电、公告如雪花般飞向北京。由此经元善也得罪了慈禧，他遭到通缉，家产被抄，被迫于二十九日逃往澳门。但是令慈禧不能忽视的是另外一股势力，即在华列强也强烈反对废光绪、立新帝。变法失败以后，以慈禧为首的顽固旧势力全面掌控朝政，在华列强担心中国"有可能回复到四十年前排斥外国人的时代"，于是出于维护自我利益的考虑，他们一再要求觐见，力图摸清光绪帝病情的真伪。英国大使和法国大使一同，推荐法国医生给光绪帝看病。

圆明园遗址

铁腕太后——慈禧

八国联军在天津大沽口登陆情景

长期以来，以慈禧为首的清政府防御对付外来侵略的军事活动屡战屡败，外交活动不断受挫，几乎是"畏夷如虎"，因此，慈禧明知这是违反外交常规的非分要求，也不敢表示反对。法国医生为光绪帝看病的结果是：光绪帝虽然体弱多病，但并没有患绝症，并无大碍。看到列强反对废帝的态度越来越强硬，群情激奋的国内舆论的发展又可能会直接威胁自己的统治权力，而自己新立的皇子溥儁更是生性顽劣，胸无大志，慈禧只得废黜了溥儁。

慈禧对于洋人一直是一种盲目的仇视心理，无论是之前的割地、赔款、开设口岸、火烧圆明园，还是最近的保护和帮助被通缉的维新党

义和团遭到了列强的围剿

人、干预自己的废帝计划，都令慈禧对洋人恨之入骨。能有机会报复洋人是她盘结于心的愿望。恰逢这时义和团运动在北方兴起，他们把对列强的不满发泄在了教堂、教民和洋商身上，还打出了"助清灭洋""扶清灭洋"的旗帜，这令慈禧仿佛看见了复仇的希望。为了切实了解义和团的真实情况，慈禧派刑部尚书赵舒翘和大学士刚毅两次暗察义和团，这两个人都向慈禧汇报说：义民无他心，可恃。于是慈禧将打败洋人的希望寄托在了外间盛传的义和团法术之上，她决意向洋人宣战。

光绪二十六年五月二十五日（1900 年 6 月 21 日），慈禧以光绪帝的名义发布了一份

慷慨激昂的宣战书，正式向洋人宣战。然而令
慈禧始料不及的是，刚毅等人所称的义和团那
些天兵天将并没能成功地阻止八国联军的进攻，
相反却更给了八国联军进攻的理由。八国联军
长驱直入，于六月十八日（7月14日）攻陷天
津，七月二十日（8月14日）攻到北京城下，
英军率先攻城。至此，慈禧犹如一个输光的赌徒，

《辛丑条约》签订仪式

只剩下了仓皇逃跑一条路。据说光绪帝曾向慈禧请求留在北京，准备"亲往东交民巷向各国使臣面谈，以求议和"。慈禧断然拒绝了光绪帝的请求，谙熟政治权术的慈禧当然不会给光绪帝留下任何一个可以独立发展的机会，执意将光绪带走了。慈禧太后和光绪帝等一行人一路西逃，狼狈不堪，九月四日抵达了西安，慈禧感觉这里应该安全了，就不再西行。九月五日各国公使一致通牒，要求慈禧惩治主战派载漪、载勋、载澜、董福祥等十一人，一味蛮干的慈禧这时已经吓得不行，只得一一照办。和议大臣庆亲王奕劻和大学士李鸿章虽同列强进行了软弱的讨价还价，但无济于事。光绪二十七年七月二十五日（1901年9月7日），在列强的威逼下，他们代表清政府与德、奥、比、西、美、法、英、意、日、荷、俄十一国签订了和约，即历史上的《辛丑条约》，这是一个包括谢罪、赔款、使馆驻军等十二项极其丧权辱国的不平等条约。条约签订后，各国联军于光绪二十七年八月五日退出北京。八月二十四日，慈禧自西安启行回京。

八　推行新政　突然病逝

在遭受颠沛流离之后，慈禧痛定思痛，连续发布了四道懿旨，下诏求言，决心变法。但应者寥寥无几。为了解除人们的顾虑，慈禧决定先在组织机构上进行改革。光绪二十七年三月初三日（1901年4月21日），慈禧以光绪帝的名义下令成立督办政务处，并由当时中央的全部军机大臣和大学士及地方最有影响的疆臣组成，作为变法的领导机关，它的设立使慈禧新政的推行有了组织保证。至此王大臣们才感到，慈禧的此次变法不像是故作姿态，于是在慈禧的一再求言之下，两江总督刘坤一、湖广总

湖广总督张之洞像

督张之洞先后于五月二十七日、六月四日和六月二十七日联衔会奏，连上三折，时称《江楚会奏变法三折》。八月二十日，慈禧肯定了变法三折"事多可行"，明令有关部门"随时设法，摘要举办"。事实上，这三道奏折也成了慈禧推行新政的核心内容和纲领性文件。到光绪三十一年十一月（1905年12月）成立学部为止，五年间慈禧发布了一系列除旧布新的改革举措，涉及了行政制度、军事制度、教育制度和法律制度的诸多方面。但实质上，它们都是光绪帝戊戌变法的继续。历史学者萧一山说："（慈禧新政）似较戊

时隔三年，慈禧太后重拾新政

推行新政　突然病逝

戌百日维新时所举之条目为多，其实全未出光绪帝当时变法之范围，更未出刘坤一、张之洞所建议之范围，不过分一事为数诏，延百日为五年而已。"这个论断是很精辟的。当年，慈禧发布了戊戌政变，软禁了光绪帝，又毫不留情地废弃了光绪帝实行的变法，时隔三年之后，慈禧又亲手恢复了她原来废弃的东西，她的目的真的是要推行改革以强国吗？还是另有其他目的呢？历史教授市古宙三对此做了这样的解释："为了防止反满势力的壮大，并要保持督抚们和外国人的支持，不管清朝统治者喜欢与否，除了改革别无选择余地。实际上，政府原

慈禧此次变法并未跳出之前戊戌变法的范围

铁腕太后——慈禧

先本无自己的改革方案。她只需要保持改革
的门面，而对实际内容毫不关心……改革的
目的毋宁说是为了保卫清政府不受汉人与外
国人两者的攻击。换言之，改革是为了保住
清王朝。"这话是有道理的。

　　从光绪二十九年（1903 年）末开始，一
些有远见、识外情的封疆大吏和驻外使节便
陆续进言慈禧预备立宪。光绪三十一年五月
二十日，直隶总督袁世凯、湖广总督张之洞、
两江总督周馥联衔奏请立宪，要求先派遣亲
贵出洋考察各国政治，于十二年后实行立宪
政体。慈禧接受了他们的建议，指派五位大
臣出国考察。被派出考察的大臣们亲眼目睹

清东陵是中国现存规模最大、
体系最完整的古代帝陵建筑

了各国先进的工业、交通、军备、文化、教育后，眼界大开，思想震动，回国后皆痛陈中国不立宪之害和立宪的好处。慈禧和光绪帝听了大臣们的报告后都很感兴趣。光绪三十二年七月十四日，慈禧以光绪帝的名义发布上谕，宣布实行预备立宪，同时又宣布先行厘定官制。七月十八日，官制编纂馆成立。九月二十日，经慈禧裁定，改革后的中央各衙门官制正式成立，之后地方官制也进行了改革。专制暴戾的慈禧在晚年能够同意实行立宪，是人们始料不及的。其实慈禧在同意立宪之前也曾担心会危及君权，但载沣对此做了反复的说明：

铁腕太后——慈禧

"君主立宪,大意在于尊崇国体,巩固君权,并无损之可言。"慈禧最在意的当然是她可以独揽君权,实行君主立宪既可以使君权永固,又可以减少各方面的压力,慈禧当然乐而为之。

对于光绪帝的病情,慈禧一直很关注。但自幼多病的光绪在变法失败之后,自己也失去了人身自由,精神上受到了很大刺激,锐气尽消的他"夜寐少眠""气不舒畅,心烦而悸",慈禧西逃之前又命人把珍妃推到了井中,闻此噩耗的光绪帝更是"悲愤之极,至于战栗"(《清史纪事本末》)。这多重打击让光绪帝的身体日渐衰弱,他向身

清东陵神功圣德碑楼

推行新政　突然病逝

边的人倾诉了自己的无奈："我没有机会把我的意思宣布于外，或有所作为，所以外间都不大知道我。我不过是替人做样子的，后来再有外人问你，只告诉他我现在所处地位实在的情形。我有意振兴中国，但你知道我不能做主，不能如我的志。"

光绪帝葬礼

（《清宫禁二年记》）在这样悲凉与绝望的心境下，光绪帝的病情日益加重，直到光绪三十四年，宫中御医已无良方起此沉疴。这一年，慈禧也患上了重病，她觉得是时侯该为光绪帝立储了，经过反复思考，并同军机大臣商量，最后决定策立醇亲王载沣之子溥仪为嗣子，任命醇亲王载沣为监国摄政王。十月二十日，光绪帝进入了弥留状态，不能言语。慈禧当机立断连发了三道谕旨和三道懿旨，为光绪帝策立了嗣子。其中有一句话是："所有军国政事，悉禀承予之训斥，裁度施行。"可见此时的慈禧仍然坚信自己能够和以前一样独揽大权隐握朝纲，她没有想到的是自己很快也将撒手人寰了。

十月二十一日酉正二刻三分（下午五时三十三分），年仅 38 岁的光绪帝走完了他短暂的人生历程，在悲苦和孤独中离开

推行新政 突然病逝

了这个世界。光绪帝病逝的次日，慈禧的病情也加重，她自觉不好，连发了两道懿旨，安排了后事。据载，慈禧平时虽患有肠胃之病，但身体素质很好，"以七十之高年，仍毫不呈衰老状"。自光绪三十四年九月后患腹泻症，以后腹泻病久治不愈，且愈发严重。十月初十日是慈禧的74岁寿辰，连续六天的庆贺使慈禧更感劳累，之后病情更加恶化。十月二十一日光绪帝崩逝，慈禧带病安排了光绪帝的后事，并处理了相关的诸项政事。十月二十二日，张仲元、戴家瑜对慈禧做出了最后诊断："请得皇太后六脉已绝，于未正三刻（14时45

清东陵

铁腕太后——慈禧

分）升遐。"即光绪三十四年十月二十二日（1908
年11月15日）未刻，慈禧死去。慈禧死后的第五天，
也就是光绪三十四年十月二十七日，监国摄政王载
沣以皇帝的名义发布上谕："大行太皇太后垂帘训
政四十余年，功在宗社，德被生民。所有治丧典礼，
允宜格外优隆，以昭尊崇，而申哀悯。著礼部将一
切礼节另行敬谨改拟具奏。"于是在监国摄政王载
沣的主持下，慈禧的葬礼规格突破了祖制对于太皇
太后葬仪的规定，声势浩大，尽显优隆。

　　慈禧的墓坐落在河北省遵化县清东陵的昌瑞山
南，与慈安的墓并排立于咸丰帝定陵东侧。普祥峪
定东陵位于西，是慈安的墓，菩陀峪定东陵位于东，
是慈禧的墓。两座寝宫于同治十二年（1873年）

定东陵之慈安陵

慈禧棺椁

八月二十四日兴工，光绪五年（1879 年）六月竣工。历时六年，耗银四百八十多万两，这两座陵墓的规模与工艺在清代皇后陵中均属上乘。慈安的陵，在慈安死后顺利地使用了。然而令人意想不到的是，在陵墓竣工十六年后，也就是光绪二十一年，慈禧竟然下旨将菩陀峪"晚年吉地"的三殿全部拆除，就地重建。这个工程持续了十四年，到慈禧死前才完工。三殿的梁木和门窗上彩画两千四百多条金龙，内外六十四根金柱上镂刻着六十四条金龙，三殿的花纹，仅叶子就用金四千五百九十二两。此外，慈禧的随葬珍宝不计其数，据当时人估计，这些珍宝价值白银五千多万两，其中仅慈禧凤冠上的大珍珠就价值白银一千万两。慈禧的陵墓，充分表现了她的穷奢极欲、挥霍无度。

1928 年 7 月 4 日，慈禧陵墓被军阀孙殿英炸开，不仅尸骨尽遭暴露和羞辱，随葬的奇珍异宝也被洗劫一空。8 月 19 日，护陵大臣、镇国公载泽等代表废帝溥仪，草草地收殓了慈禧的尸体。享尽人间富贵的慈禧太后，只留下了孤独的荒冢任后人评说。